Los años pasan,

los recuerdos desvanecen,

solo una cosa nos queda,

podemos evitar que pase,

entrenamos el cuerpo,

luchamos por la mente,

luchemos por los recuerdos,

ellos nos forman,

ellos hacen quienes somos.

SUDOKU 1

2	7		4		9	8		
8				3				2
	1	9	8	5		6		
		1					7	
6	8			4				9
	5				3		1	
4				5				
		3	2	7	6			
	6	8	3					

SUDOKU 2

9			1	6			2	
4	1	2		8		5		3
	5	6		2		8		
3		7		1	6			
	9		8			4		
		5			4			1
6		3						
		9			1		3	
			3		2	6		8

SUKOKU 3

2		3	9	8				4
	4			3	1	2		5
			6		4			9
8		7		6		3		
	1			4	8	5		
				7				8
3		5						
4		9		1	7		5	
7					6	9		3

SUDOKU 4

								1
			9				3	
	7				1	9	2	
				5		8		4
9					2			
		5	6		9			
2	1		7					
6		8				5	1	
					6			8

SUDOKU 5

						3		
9			1				5	2
7		6						4
	9				8			
		8		3		1		5
6	7				5		4	
		7						
	3				9			
				5	6		8	

SUDOKU 6

	3							
5				2	6	9		8
		6						3
	8		7					
	9	1		3	2			6
7				8				
						4		
	2			9	4			
8		9				2	1	

SUDOKU 7

							3	5
3	1	9			5	2	6	
5	2		3	1	8	7		
	7	4			9			
9								
	5	1		8				9
	4			5		3		
			7		6			

SUDOKU 8

2			4		8			6
		7			5	8		
4	8		9			2		
				2				
3		5				4		
5				8	3			2
						1	7	
	4			9	7			

SIDOKU 9

	6		7		5			
					3	1	6	5
		1					8	
2								9
				9	5			
	8			7				4
	4		9				2	
1			3		6			7
		3	2				5	

SUDOKU 10

					9			
		2	4					5
4	6		8					
6	1				8		9	3
		7						8
8					3		4	
9				2		5		
				3	1			
7							1	

SUDOKU 11

	9					3		
		5		8	6	9		
			1		2			
6			8			4		
2	5	3	9	4		6		7
	4		6	5				
		2			5			
8			4	1	9		6	5
					8	7	1	

SUDOKU 11

		6	8	5			9	4
		9	7					5
				9	3	7		
7	2				8		3	
6		8		3			5	7
	5			1			2	
	1	7	6	2				
9						6		1
		4				5	7	2

SUDOKU 12

9	3	1						
8	4	6						
		7	9	1	8			
				2		6		
	1		5		6		8	
4	6		3		9		5	1
6	9				7		2	5
	8		6	5		9		
3		5			2	8	1	

SUDOKU 13

8	3						7	
		6						
			1			6		
5						8		
	1			6				
		4		2		1		
		7			9	5	2	8
	6				2			3
			8	4				7

SUDOKU 14

9		1		5			
		2			9		
	6	3	7				
2		8	3		5		
	8						9
6	7						
3				2			4
	4	9				5	7
		6					1

SUDOKU 15

						6		
1					8			4
			4	9			2	5
		5	6				9	
8				5	7		6	
		4					1	
						1		
	2				3			
	6		1			7		

SUDOKU 16

					6	3	1	
			8		7		4	
		3	5					7
9	4						2	
		2				4		
8							7	
		9				8		
			3	9			5	
7				4	2			

SUDOKU 17

	8		4	7				
1			6		9			
3								
8	7			5				
2					8			3
					6			2
		8				5	4	
4							3	9
9		2			4	8		

SUDOKU 18

	6							2
1		7		2				3
4								9
		1	5	6		7		
				8				
			1			3	8	
	5		9		1		6	
9					7	5		
2							9	

SUDOKU 19

						3	4	
3		8	2	4				
	1					6		7
		7						
			9			4		
4	9		8				1	
1					3		6	8
	7			9			5	
					5			4

SUDOKU 20

		1	7	2		6	4	
		5		1				
	2	7	3				9	
		8			3			
	3				4	9	5	6
7			1	6		2		8
8	1						7	
		4					8	1
9		3	4	1				2

SUDOKU 21

3		1	2	5		8		
5				3			9	1
				8	1	2		
9			3	1		4	6	2
		6			2			
8			6			9		
	1	7			9		2	5
6	5					7		
		9	5	7	3	1		

SUDOKU 22

2			9	6			7	
8		9			3	5	6	
				4			1	9
3				8	5		9	7
	4	2		7	8	3		
	9		4					
5	6						8	
			6	1	9			3
9	3			5	2			1

SUDOKU 23

SUDOKU 24

SUDOKU 25

	2			3	1			
4								3
				7				
		9					3	
		4		6	8			2
7						1		
9		1			4	8		
					6		5	
		2				6		

SUDOKU 26

		7						
		5	6		9			
	2	3	4		5			
	4				8		3	5
	5			6			2	7
			9					
8	3					5		
							7	
		9		2				6

SUDOKU 27

					7		2	
	1	7						9
			5	8			1	
	6	2		4				
7	4							5
			2					
				9	7			
		8		3			6	
2			4			7		

SUDOKU 28

7								4
	4	8			2			
	3					6		2
9			7					3
			5	1	7	8		
	5			4				7
	1			9			5	8
	9					3	1	

SUDOKU 29

SUDOKU 30

	5	2			6			9
3	6	7	9			1	4	2
				2	7			
7				3				
8						9	7	4
9			4			8		5
5	9		7					6
					1			
6			2			3		

SUDOKU 31

1		3		4		9	7	
	5	8		2		6		3
				6	9			8
6		5	8				9	7
3	1			7	5	8	2	
						5	3	
		2		8	6		1	
4					1	7		
			7	3			6	

SUDOKU 32

7						3		
	2			6		7	1	
	8			7	3		2	
3	6		8					2
	4		5	3	2	8		
			4			1		
5			7		8	2		1
						6		
2	1			5		4		7

SUDOKU 33

				2				1
		3			7		4	
	9		6				7	
			9				3	5
		7						
4		5				6		2
	2		5			1		
			7	9				
					8		6	

SUDOKU 34

	7		5				3	9
	2						1	
3	1					8	5	
				2				
6		9						1
			1					6
				7				8
	9			3				2
	6	3	9					

SUDOKU 35

	3	9				5	2	
				7				
			5	3	6			
					1	4		8
	2	5						7
		6						
	6		9		3			
8				1			4	
						8		

SUDOKU 36

3		4			8			
6								
			7		2			4
	4		3	2				5
	5							
8			1			7	9	
	7				5			3
		9		8		6		
4					1	8		

SUDOKU 37

	6	4		9				
3		1					7	
	5		1		8			6
	4			7				
2		5	8		3			
								1
			6	3		1		
		6		2				5
		7	5					

SUDOKU 38

	7	6						2
9	3							
				8				5
	8						4	1
		2		3				
	9		7					
3	2				6			9
		1			7	5		
				4				3

SUDOKU 39

						5		6
	4	7						
			6			8	4	
				8	2			1
5						6		
1			9		4			3
				9	1			
	7		3				6	5
		1					3	4

SUDOKU 40

3					8		7	
9						1		8
		8		3				6
	6		3	2	9			1
		7	1	8				
	4		7	6	5			
5		3	2			6		4
	9			4			5	
4					3		8	

SUDOKU 41

2	1				6		8	9
						5	3	
			4				1	6
7					5			
1	4	5					2	7
3	9		1			6	5	
6								3
	3	8	7	2	9		6	4
9			3		1			

SUDOKU 42

		3	5			8		9
	1	2	9		4		7	
				8			3	
			4					
		7					9	8
2		9		7				1
				2	5		6	
		5	8					
1				9	6		8	2

SUDOKU 43

								5
		7		2	8		3	
2							1	
4		5		7				
7			9					
		1	5	3		2		
			6		4		8	
	4		7			6		
9						7		

SUDOKU 44

	6	4						9
	7					1		
		5				2	3	4
		3				5		
			4					2
1		7	8		2			
	8				7		2	
		9	3				4	5
								8

SUDOKU 45

7		9	8					
						2		9
	6			1				
	8			5		3		
3				4				
	1	7	6				5	
5	2						9	1
			6		5			
	9	4					3	

SUDOKU 46

							5	2
	2	9						
6			7					8
4	9				6	8	7	1
	3							
				8			9	
7				5				
						4		5
1			4			3	2	

SUDOKU 47

			5					
		7			2			
8		9			4		6	
4		5			8	9		1
								4
1		2	4					
3		1	2			5		
			3	5		6		
	7			9				

SUDOKU 48

	6				5			4
		7	8			3		
	8		3			6	5	
	4			3	9			8
			7	5				1
7					9		3	
1		8						
							1	
6			9			2		

SUDOKU 49

			6	9	2			
7	2	5	8					
		4				8		
		8	2	1	6			9
		1	7			2		
	9						5	
	5		4					
3						9		
	7	2					3	

SUDOKU 50

	5	2			6			9
3	6	7	9			1	4	2
				2	7			
7				3				
8						9	7	4
9			4			8		5
5	9		7					6
					1			
6			2			3		

SUDOKU 51

1		3		4		9	7	
	5	8		2		6		3
				6	9			8
6		5	8				9	7
3	1			7	5	8	2	
						5	3	
		2		8	6		1	
4					1	7		
			7	3			6	

SUDOKU 52

SUDOKU 53

				2				1
		3			7		4	
	9		6				7	
			9				3	5
		7						
4		5				6		2
	2		5			1		
			7	9				
					8		6	

SUDOKU 54

	7		5				3	9
	2						1	
3	1					8	5	
					2			
6		9						1
				1				6
					7			8
	9				3			2
	6	3	9					

SUDOKU 55

SUDOKU 56

3		4			8			
6								
			7		2			4
	4		3	2				5
	5							
8			1			7	9	
	7				5			3
	9		8		6			
4				1	8			

SUDOKU 57

	6	4		9				
3		1					7	
	5		1		8			6
	4			7				
2		5	8		3			
								1
			6	3		1		
		6		2				5
		7	5					

SUDOKU 58

SUDOKU 59

						5		6
	4	7						
			6			8	4	
				8	2			1
5						6		
1			9		4			3
				9	1			
	7		3				6	5
		1					3	4

SUDOKU 60

2	6				9			7
		3						9
		4			8	1	6	
8		7	3	1			2	
6		2	8		7	9		1
	3	5	2		6	4		
	7			8	5			
4		6					5	
			4			7		

SUDOKU 61

		4				8	7	
9		3	6			1	5	
		8	5	4		6		2
						7	9	
2	7	9			3	5		
	8	5		7			1	3
	9				6	3		
1				3				7
8		2	7	9				5

SUDOKU 62

SUDOKU 63

3		9			1			2
6					9			
			5					
				8	4			
2			7				3	
	7			5				
9	6	5						7
			2			4		
	7					6	8	

SUDOKU 64

						5		
2	4		8					9
8		3				4	1	
7	6				1			2
3					8			
				3		1		6
					7		9	
4			9	5		8		
		2	4		3			

SUDOKU 65

				4			2	
1						3		
		6			1		4	
		1	7		5	8		
		2			6			
	8			2				3
8		9				4		
	1				9			
3				5	4			

SUDOKU 66

SUDOKU 67

<table>
<tr><td>2</td><td></td><td>6</td><td></td><td></td><td></td><td></td><td></td><td></td></tr>
<tr><td></td><td></td><td></td><td>1</td><td>2</td><td></td><td></td><td>7</td><td></td></tr>
<tr><td></td><td>8</td><td></td><td></td><td></td><td>4</td><td></td><td></td><td>6</td></tr>
<tr><td></td><td></td><td></td><td>3</td><td>5</td><td></td><td>4</td><td></td><td></td></tr>
<tr><td></td><td></td><td></td><td></td><td></td><td>7</td><td></td><td></td><td></td></tr>
<tr><td></td><td></td><td>2</td><td></td><td>7</td><td></td><td></td><td></td><td>1</td></tr>
<tr><td></td><td>3</td><td></td><td></td><td></td><td></td><td></td><td></td><td></td></tr>
<tr><td>6</td><td></td><td></td><td>3</td><td></td><td></td><td>8</td><td></td><td>4</td></tr>
<tr><td></td><td>4</td><td>8</td><td></td><td></td><td></td><td>6</td><td></td><td>3</td></tr>
</table>

SUDOKU 68

SUDOKU 69

				5				
			9		7		6	
			1					7
7		5		3			9	1
9	1	4						
	3					5	2	
	9					2	4	
6			8	2				
			4	1				

SUDOKU 70

6			8	5	7			
		9	3				4	
8			4			6		
			5	8		2		
4					3	5	9	6
			2		9	3	8	
	9	1	6				5	2
3	4	2	9	1	5			

SUDOKU 71

		5	7		1			4
9		7	4	2		1	6	
6			8				2	
	7	6	3		4			1
	3			5				
5		9			7		3	
			9			4	8	2
		2		8				
7	6					3	1	

SUDOKU 72

	4	2	1					7
8		6				9		5
		5		9				
					4		3	
		3	9		1			
				7	3			8
	3	9	8		2		5	4
	8	1			5			
5				4		8		1

SUDOKU 73

						3		
	3	7						
9			3	6		4		
				5	1		8	
	6	5			2	7		4
7								2
		3			5			
	2	9		7		5		
			4	1	6			

SUDOKU 74

9			3	5				
						7	6	
					7			5
					1		4	
3				2				
	1			6		5		9
8	6						9	
	5		4		3	8	2	
	3			1				

SUDOKU 75

				9			8	
							1	4
3								
	8					2		
					4		9	7
5			1	7		3		
	6							9
		8	2					
		2	4	1	6	7		

SUDOKU 76

		2		8	5			
	4				6			
	8	5					6	9
			6			1	7	8
		6			8	9		
		7					3	
2	7			3				
								7
	3			4			8	5

SUDOKU 77

	7		6			5		
					9	6		7
		8					9	
2					3	4		9
			4	1				5
	3							
		4			6		8	
		3		7		1		
5		1	2					

SUDOKU 78

	4			1		2		
			5			7		
2		8	4					3
9					1	6	7	
	3	6						
		1					9	
		9		5			2	
	2				6			
1			7	4				

SUDOKU 79

								9
					6			
4	7		9					5
	1				5			
9	2						4	
		8	1	3				
		2		7	9		1	
		6					3	
			4		8			

SUDOKU 80

8	1				6	9		2
6	3	5		4				
			2				5	
		7	5	8	6			9
5			3					7
	3	6	4	1	9			5
6	5			4				3
		2	9	6				8
	7	1		8				

SUDOKU 81

4			1			5		
7	1			5		3		6
	8			9	6	1	4	7
	3			6	2			
5		8				7	2	
			4			9		
	4	9	6	1				
6	7		5				1	4

SUDOKU 82

8		2	1	5			9	
1	4		9	2				5
	6				7	8		
			8		1			
3		5		9				2
2	8	6				4		
7		1	2	6				8
6	3				5			7
	2	8	7	9				

SUDOKU 83

SUDOKU 84

SUDOKU 85

6								
		3		4	2		5	
9					6			1
					8			
3	8		2					
1			3	9				4
		9					8	
	1			3		4		7
						6	2	

SUDOKU 86

	8					7		3
								6
				2			8	
		6		7		8		
		1	3	8				5
			9			6		
1	7			9				
8	6				2	4		
		3		4		5		

SUDOKU 87

					1		6	
	2					5	4	7
			6				3	9
			4					
5				9	2			
					8		7	2
	6	8						
1				5	4			
	3		1			7		

SUDOKU 88

	8					1		
3				9	5		6	
		2			7	9		
	7				8			
8								3
	2		3	5	6			4
								5
4	3					6		
				1	4			

SUDOKU 89

SUDOKU 90

7							6	
1	6				7	9		2
	8	4			5	3	7	
4	1	6	5		3		2	
	7			2	4	5	8	
5		8			9		1	3
	3		4		6			5
					1		4	
9		1			8			

SUDOKU 91

					4		6	
4		8		6				
6	7		1	3	2	4		
	2				8		3	
8	4					5	2	6
9						8	7	
		6		5				9
3	1		4		6	7		2
2	5	4	7		9			

SUDOKU 92

6			9	2	1			8
	8	2		7	3		9	
	7	3	6		5		4	
	9							
4	1	8	5		2	9	6	
	3		7				5	1
3					6	7	1	
					9			5
	5	4				6	2	9

SUDOKU 93

		9			1			4
7						6		
8		5		3			9	
		4				9	5	
	3	2						
1							2	
			7	2				
3			5			7		
			9		4		1	

SUDOKU 94

			5					
	3	1			6			9
		7		8				
9	6		4					
				9			7	
7					1			
	2			4				8
	8	9	6				4	
		3	2	5		6		

SUDOKU 95

<table>
<tr><td>8</td><td>1</td><td></td><td></td><td></td><td>3</td><td>5</td><td></td><td></td></tr>
<tr><td></td><td></td><td></td><td></td><td>1</td><td></td><td>6</td><td></td><td></td></tr>
<tr><td></td><td>5</td><td></td><td></td><td></td><td></td><td></td><td>7</td><td></td></tr>
<tr><td></td><td></td><td></td><td></td><td>2</td><td>5</td><td>1</td><td>8</td><td></td></tr>
<tr><td></td><td>3</td><td></td><td></td><td></td><td>6</td><td></td><td></td><td></td></tr>
<tr><td></td><td></td><td></td><td></td><td></td><td>8</td><td>7</td><td>2</td><td></td></tr>
<tr><td>1</td><td></td><td></td><td>8</td><td></td><td></td><td></td><td></td><td></td></tr>
<tr><td></td><td></td><td></td><td>6</td><td></td><td>9</td><td>4</td><td></td><td></td></tr>
<tr><td></td><td></td><td>7</td><td></td><td></td><td></td><td></td><td>3</td><td></td></tr>
</table>

SUDOKU 96

		9					4	
2		4					1	5
		7			2	3		
				3		6	9	
		6	8				2	1
	5							
					1			
6					3		7	
					5			9

SUDOKU 97

1	9	4						
	8							6
5						8		7
		5			2	4		1
	2						3	
7				8				2
		8						3
				9	5		7	
2					4			

SUDOKU 98

	9						4	1
			1			6		
2								3
	3		6					
	7		2	3				
		5	1	9		3		
4		7		8				
	6		2					
5	2				9	7		

SUDOKU 99

		1			4	5		
	3			2			1	
				1				3
9				8				
	8					7		6
	2	7		9				5
		5			1			
2		3			9			
	7		6				4	

SUDOKU 100

			7	2	4		8	
	5	8	3			2		
			5			3		7
	9		6	5		4		
6	1	7	4					3
		2		7	3	6		
3		1				8		9
			4		5			1
4								6

SUDOKU 101

	3		6		1			
	6			7				
	2	5	4	8	3		7	
		6				8	3	
2			9				1	
5		7	1		4	6		
	7		8	1	4	5		6
8			2	6		1	4	
	1			9				

SUDOKU 102

		3	7	9	6	8		1
							9	
	6			1	2	7	5	
5	2		6		4		3	8
		4						2
		9	8			5		
	9		3	5			6	
1	4		2					
	7	6						

SUDOKU 103

3					1			5
						6	9	2
5		8			6	3		
6	8							
			5	6		2		
					9			
	9		8		7			
7						4	1	
			1					3

SUDOKU 104

	2	8						
			7			5		
5		1			8			
2		4	1	9				6
3	5						1	
			3	6				
			9				3	2
	9				6			1
	3				7			5

SUDOKU 105

SUDOKU 106

		9	6				8	3
5				7				
						1	7	
4			9	3				8
	7		2					6
8					4	6		
6			1	2	5			
		1				5		

SUDOKU 107

7		9	1				6	
	4					9		
						7	4	
		5				2		
		3	9					
1			6					3
	8							
	4	6	5		1	3		
	1			8	2	5		

SUDOKU 108

			8		1			4
		9		4			5	
	4					8	9	
						6	2	
3								9
		8		6		4		
		3	7		2			
	6		3			5	7	
		2						1

SUDOKU 109

5								
		9			8	5		
	3						7	9
			9	8	3		6	
	2		5		7			
	1			2	6			8
						8		
4				7				3
		6		3			1	

Gracias a todos por hacer los sudokus de este libro, espero que hayan disfrutado y hasta el próximo libro.